사탄의 음악

이 이야기에 나온 신비 종교의 정보들이 사실임을 증거해 주신 데 대하여 전직 드루이드교 사제였던 존 토드님께 진심으로 감사를 드립니다. 또 마법과 환상에서 벗어나와 이 책을 증거해 주신 다른 분들께도 감사를 드립니다.

빵! 빵!
쾅~!
길 밖으로 밀려날 것 같아...
저 사람이 누굴 죽이려
고 작정했군!
끼이이이이익!
한 번 더 밀
쳐요 바비 !!
운전을 할 수
가 없어!!
빵!
빵!
오 주님... 도로에 바
위들이 사방에 깔려
있어요!!!
으악! 바비!...
조심해요 !!!!

으아아악!
콰광!
콰당탕!
우드드둑!
차가 뒤집어지진 않았어... 주님, 아무도 죽지 않게 해주세요!!!
괜찮습니까??
괜찮냐구? ◎!!!☆☆! 당신 눈엔 괜찮아 보여? 당신은 지금 세계적 록스타 바비 달라스를 죽였다구!!

아직 살아 있어요, 출혈이 심하긴 하지만... 동맥이 끊긴 것 같군요!
그럼 뭔가 조치를 취해야지, 멍청아. 죽게 내버려 두지 말라구!
거기!... 지혈대가 피를 멈추게 해 줄테니 그 막대길 꽉 잡아요!
이 사람을 차까지 들고 올라갈게요.
거의 다 올라왔어요!
죽진 않겠어요?
그렇진 않을 겁니다.
겨우 숨쉬고 있어... 당신 좀더 빨리 갈 순 없어요?
저기 병원이 있군요, 꽉 붙들어요!
그로부터 15분후
주 예수여 도와주시옵소서!
위대한 어머니 다이아나여, 그를 살려 주세요!

다음 날
당신이 나의 목소릴 구해 준 바로 그 멋쟁이군. 정말 고맙소!!
당신을 구해 주신 분은 선하신 하나님이십니다, 바비!
아, 어찌됐든 늙은 바비 달라스가 당신에게 목숨을 빚졌어!
음... 몸은 어떠신가요?
난 괜찮소... 조금 부러지긴 했지만, 한두 달 후엔 다시 일할 수 있을 거요.
제발 그런 말 좀 하지 마쇼! 당신은 날 이해 못할 거요. 난 계약을 했기 때문에 천국 같은 덴 못가요!
바비, 주 예수님은 그 어떤 계약 같은 것이라도 없앨 수 있어요!
바비, 만약 당신이 그 사고로 인해 죽었다면... 천국에 갈 자신이 있었나요?
저자가 말하지 못하게 해야겠어!
간호사, 저 불쾌한 자를 당장 쫓아내요! 저자가 달라스를 혼란스럽게 하고 있어요!
죄송하지만 이 방에서 지금 당장 나가 주세요.
?
난 예수님을 증거하고 있었을 뿐인데!
우린 어떠한 문제도 생기지 않길 바랍니다. 나가지 않으시면 경찰을 부르겠어요!

그로부터 한 달 후
어이, 짐! 잘 있었어요? 나요, 바비 달라스! 내일 밤에 클럽에서 작은 모임이 있는데...
당신도 와서 내가 집에 돌아온 것을 축하해 줬으면 좋겠소! 친구들도 같이 봅시다!
아, 고마워요, 바비! 그럼 내일 만나죠!

이거 큰 파티인걸... 주차를 두 블록이나 내려가서 해야 하다니!
그럼 택시를 부를까?
아니, 그냥 이 정도면 운동하기 좋은데!

이야, 짐! 다시 보게 돼서 반갑군... 정말 멋진 파티지 않소?
글쎄 좀 색다르긴 하네요... 어쨌든 좋아보이는군요, 바비!
편하게 즐겨요, 짐! 저기 음식이랑 술, 마약, 코카인, 알약으로 되어 있는 것도 있소, 말만 해요! 당신 친구들 것도 많이 있으니까... 당신은 정말 좋은 친구야... 저쪽으로 가죠.
여긴 내 새 애인이야!
끝내주는데!

달라스의 파티에서 본 다른 부적들을 보자.

유니콘 뿔 (지금은 이탈리아 뿔이라고 불림)

이 표식은 스코틀랜드와 아일랜드의 드루이드교 사제에 의하여 만들어졌다. 이것은 마귀에게 금전적 도움을 구하는 것을 의미한다. 요정의 지팡이 혹은 레프리칸(장난을 좋아하는 작은 요정)의 물건이라고도 불린다.

이 앙크는 이집트 태양 신 라(Ra)의 환생과 숭배의 상징이다. 또한 그를 숭배하기 위해서는 처녀성을 버리고 주신제를 연습해야 함을 의미한다.

이 오각형 별(Pentagram)은 마녀 모임을 상징한다. 마녀들은 빛과 새벽별이 루시퍼를 상징한다고 믿는다.

이 표식은 초승달 모양의 별 혹은 사탄을 상징한다. 전 세계의 사탄 교회가 이 문양을 사용한다.

육각형 별(Hexagram).... 흑마술

마녀모임에서 이 표식은 가장 악한 문양으로 알려져 있다. 이 문양은 그들이 행하는 의식중에 마귀를 불러냄을 나타낸다. 이 상징에서 온 헥스(HEX)라는 단어는 누군가를 저주하는 장소를 뜻한다.

주 : 이것은 유대교의 상징인 다윗의 별이 아니다. 여기서 보여지는 원안의 6각형 별 모양은 메이슨들과 다른 사탄숭배자들에 의해 쓰여지는 것이다. 이 별 모양은 피조물과 창조주가 하나로 결합한다는 것을 상징한다. 기독교나 유대교의 상징들을 포함한 이 모든 표식들은 사탄숭배자들에 의해 오용되고 있다.

풍뎅이

이것은 이집트의 풍뎅이로 환생을 상징한다.

이 초승달 모양은 다이아나(하늘의 여왕)를, 별 모양은 루시퍼를 상징한다.

새벽 2시
아니 이봐, 짐, 벌써 돌아가려고 하는거요?
네, 바비 씨... 저희는 내일 일들이 있어서요.
언제쯤 예수님에 대하여 말할 기회가 있을까요?
그럼 같이 풀장으로 가죠, 여기서 그런 이야기를 한다면 사람들이 다들 별로 안 좋아 할 거요.
바비, 예수님께선 당신을 사랑하십니다.* 들어봐요. 마귀는 피조물일 뿐입니다. 그는 하나님이 아니예요!!
하지만, 나는 믿을 수 없는 광경을 봤는 걸요!
당신은 속은 거에요, 바비. 당신은 많은 부를 얻었을진 모르지만... 그 안에 평안이 있던가요? 혹은 사랑? ... 당신의 과거가 깨끗해질 수 있다는 사실을 아나요?
*로마서 5:8
저기 있다!... 자네 바비와 얘기하고 있는 저 놈 알겠나?
이런, 그리스도인 아냐?
그래... 저 사기꾼이 1974년에 날 망하게 했었지... 저놈이랑 저놈 친구놈이 다 망쳐 버렸어*... 저들이 우리 마녀 하나를 예수쟁이로 돌려놔 버렸다구.
*크루세이더 시리즈 제2권 〈부러진 십자가〉 참조
예수 그리스도께서는 온 우주의 창조주이십니다*... 그분은 바비, 당신의 죄로 십자가에 달려 돌아가셨어요...
사탄은 지금까지 당신을 이용해 왔고 예수님은 당신이 자유롭게 되길 원하시죠.
가야겠소 짐... 나중에 연락해요.
이봐, 바비! 이리 와서 우리랑 노래나 부르지 않겠나?
알겠어요, 바비!
* "그가 세상에 계셨고 세상이 그에 의하여 지은 바 되었으나 세상은 그를 알지 못하더라." 요한복음 1:10

바비를 그대로 두고 와서 너무나 안타까워요..
그래도 아까 전화하라고 하지 않았나요?
나도 들었어. 그 사람들이 우리와 같은 길을 걸었으면 좋겠군!

바비 달라스가 우리들 모임 안으로 침입자를 데리고 왔어... 배신자!
맞았어! 그 검둥이가 풀장 옆에서 그를 꼬시더군!
만약 바비가 배신한다면, 우리에 대해 다 불어 버릴 거야... 바비를 없애 버리자!

파티가 끝나다.
이걸로 바비 달라스의 음반이 더 잘 팔리겠군! 자빠진 얼간이에게는 안된 일이지만 말이야.

페니... 음악 소리 좀 줄여 주지 않겠니? 도대체가 집중을 할 수가 없구나!
이것도 줄인 거라구요!
그럼 좀더 줄여! 그 음악이 계속 신경을 건드리는구나!
30분 후에 집사님들 모임이 있어서 빨리 가봐야 겠어.
무슨 일이에요, 밥? 왜 이렇게 안 좋아 보여요?
나도 잘 모르겠어, 조이스. 집에서의 영적 자제력을 점점 잃어가는 것 같아.
페니야! 너희 아버지 교회 열심히 다니셔?
응... 그래. 우리 교회 집사님 인걸!
그럼 너네 아버지는 죽음에 대해서... 혹시 구원받을 수 있는 방법을 가르쳐 주실 수 있을까? 있잖아, 그런 거...
으흠... 와우~~! 이것 좀 봐!... 이거 우리가 제일 좋아하는 그룹의 새 앨범이잖아! "꺼져 버려!" 와, 제목 좋다.

어이, 팀... 제임스! 안녕하시오? 집사회 모임엔 어쩐 일이요?
안녕하세요, 밥... 목사님께서 누굴 좀 만나보라고 하셔서요.
아, 이번 주일에 설교하러 오신다는 분일 거요. 만나러 가보죠.
여러분, 이 형제님은 내가 아는 한 사탄 숭배에 대해서 가장 잘 아시는 분입니다!
랭스 콜린스라고 하는데, 가족이 대대로 마술사들이었다 합니다. 700년 동안이나 드루이드교를 섬겨왔었다죠.
드루이드교가 뭡니까?
이분께 직접 물어봐요.
구원받기 전에, 나는 드루이드교 13의회에 속한 고위 사제였습니다... 나는 일루미나티라고 불리는, 지상에서 가장 강력한 힘을 가진 조직에 있었습니다.
말할 필요도 없이, 그들은 내가 그리스도인이 된 것을 매우 불쾌해 해요.
이번 주일에 저는 록 음악과 그 기원에 대해 설교할 것입니다.
팀, 랭스 씨께 당신의 아파트를 이번 주일까지 쓸 수 있도록 해주겠소?
물론입니다, 목사님... 제게도 배울 좋은 기회인걸요.
이삭... 우린 콜린스 뒤를 따라 작은 교회로 왔어... 어떤 놈들하고 얘기하는군... 그놈이 혼자 남게 되면, 우리가 받아 버리겠어!
이번에도 실패하면... 계약서를 없애 버리겠어, 멍청이들아!

저녁 8:30 팀의 아파트
랭스 형제님, 드루이드교에 대해서 말해 주시겠어요? 어떤 사람들이며, 어떤 짓을 하는지 말입니다.
알겠어요, 팀. 먼저, 이스라엘을 제외하고 온 세상은 암흑 속에 있었다는 사실을 기억하세요. 하나님께서는 유대인들에게 빛을 주셨었죠.
그 중에서도 스코틀랜드와 아일랜드 섬 지역은 사탄의 요새들 중 하나였습니다.
이 끔찍한 암흑 가운데 살았던 사람들 중 가장 악한 자들은 드루이드교 사제들이었습니다. 그들은 "떡갈나무 사람들" 이라고도 알려져 있는데, 인간의 피로 희생제사를 드리는 자들이었습니다.
이들 안에는 마귀들로 가득 차 있어서, 어떤 이는 알 수 없는 놀라운 힘들을 가지기도 했습니다... 사람들은 드루이드 사제들의 공포에 질려 살아가고 있었습니다.
오 위대하신 케르노스 신이시여!
남자 노예들이나 로마의 병사들은 불모지 위에 있는 우리 안에 갇혀 산 채로 불에 태워졌습니다. 드루이드 사제들은 희생자들을 불태우기 위해 마른 땅에 요정의 불을 붙입니다... 그 불이 타오를 때, 그 뒤에선 드루이드 교도들의 북 소리가 항상 울렸습니다.
하나님의 선지자 엘리야를 생각해 보세요. 열왕기상 18장을 보면 그는 하늘로부터 불을 내렸습니다... 사탄은 그것을 분명히 모방한 것입니다.
팀, 사실 요한계시록 13:13을 보면, 환란 시대에 사탄의 거짓 선지자는 하늘로부터 불을 내릴 수 있다고 기록되어 있습니다.

그들의 최대 행사는 할로윈이었습니다. 그들에겐 "사마인(samhain) 10월 31일" 이라고 불렸습니다.
아! 사탕 안 주면 장난친다는 날 이군요!
그렇습니다, 짐... 모든 것들이 다 기원이 있죠. 할로윈을 예로 들어보죠.
모든 어린이들이 집집마다 드나들며 사탕을 주지 않으면 장난을 친다고 외치죠. 그것의 기원이 드루이드 교도들입니다.
사탕 안 주면 장난 칠 테다!
TRICK OR TREAT
TRICK OR TREAT
오늘날 이것은 아이들의 장난 정도로만 여겨지지만, 드루이드들의 시대에는 공포의 밤이었습니다.
그들은 끔찍하게 즐겼습니다!
할로윈이 되면 드루이드 교도들은 성에서 성으로, 집에서 집으로 옮겨 다니며 오늘날 장난이 되어 버린 그들의 행사를 하였습니다.
그 장난은 공주가 될 여자 혹은 다른 여자를 희생제로 요구하는 것이었습니다.
아빠, 저들에게 나를 보내지 마세요!

만약 그들의 대우가 드루이드 교도들을 만족시켰다면... 그들은 사람의 지방으로 만들어진 양초를 호박 등 안에 넣고 불을 밝힙니다. 이것은 그날 밤 마귀들이 그 성 사람들을 죽이지 않겠다는 표시입니다.
아아악... 아빠... 살려 주세요!

드루이드들의 요구를 들어 주지 않을 시에는 드루이드들의 장난, 즉 대가가 시작됩니다. 헥사그램(육각형 별)이 대문 위에 그려집니다.
우린 저주받았어요.
그날 밤은 사탄 혹은 그의 마귀들이 그 집안의 누군가를 죽일 것이라는 두려움이 감돌게 됩니다.

의식이 시작되면 드루이드의 주술 음악 소리가 그날 밤을 가득 채우게 됩니다. 그들은 제물이 된 여자를 폭행하고 잔인하게 죽이면서 그들의 신에게 바칩니다. 그들은 다음과 같은 여러 이름들로 그 신을 부릅니다.
즉 "뿔 달린 밤의 사냥꾼," "케르노스," "지하 세계의 오크(떡갈나무)신," "죽은 자들의 신" 등입니다. 결국 루시퍼 혹은 사탄을 말합니다.
영국에 있는 스톤헨지는 바로 이 인간 희생제사를 위한 신비 종교의 사원이었습니다. 이것이 과거의 일이라고만 생각하십니까?... 절대 그렇지 않습니다! 몇몇 기괴한 살인들이 매년 할로윈에 미국에서 벌어지고 있습니다.

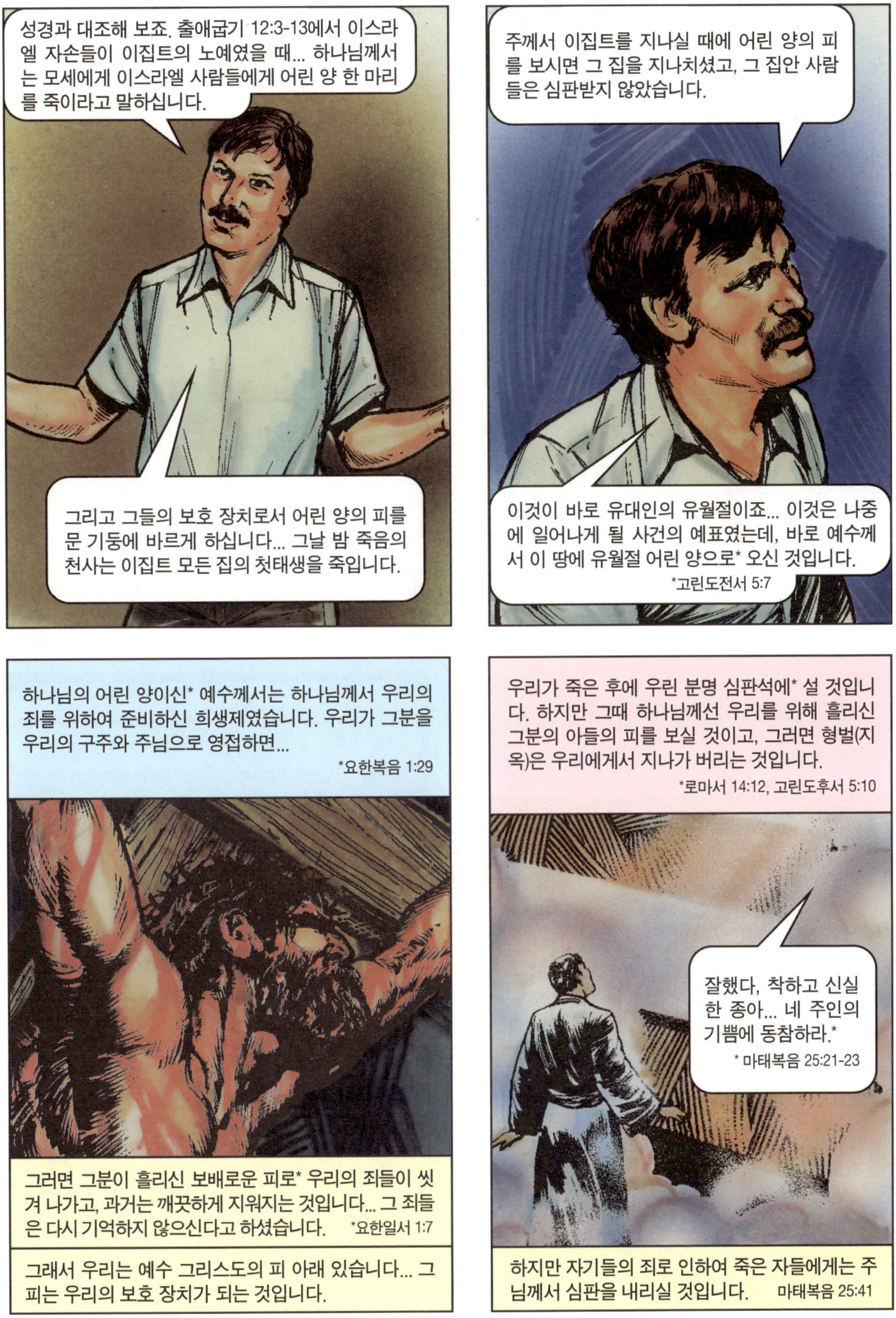

성경과 대조해 보죠. 출애굽기 12:3-13에서 이스라엘 자손들이 이집트의 노예였을 때... 하나님께서는 모세에게 이스라엘 사람들에게 어린 양 한 마리를 죽이라고 말하십니다.
그리고 그들의 보호 장치로서 어린 양의 피를 문 기둥에 바르게 하십니다... 그날 밤 죽음의 천사는 이집트 모든 집의 첫태생을 죽입니다.
주께서 이집트를 지나실 때에 어린 양의 피를 보시면 그 집을 지나치셨고, 그 집안 사람들은 심판받지 않았습니다.
이것이 바로 유대인의 유월절이죠... 이것은 나중에 일어나게 될 사건의 예표였는데, 바로 예수께서 이 땅에 유월절 어린 양으로* 오신 것입니다.
*고린도전서 5:7
하나님의 어린 양이신* 예수께서는 하나님께서 우리의 죄를 위하여 준비하신 희생제였습니다. 우리가 그분을 우리의 구주와 주님으로 영접하면...
*요한복음 1:29
그러면 그분이 흘리신 보배로운 피로* 우리의 죄들이 씻겨 나가고, 과거는 깨끗하게 지워지는 것입니다... 그 죄들은 다시 기억하지 않으신다고 하셨습니다. *요한일서 1:7
그래서 우리는 예수 그리스도의 피 아래 있습니다... 그 피는 우리의 보호 장치가 되는 것입니다.
우리가 죽은 후에 우린 분명 심판석에* 설 것입니다. 하지만 그때 하나님께선 우리를 위해 흘리신 그분의 아들의 피를 보실 것이고, 그러면 형벌(지옥)은 우리에게서 지나가 버리는 것입니다.
*로마서 14:12, 고린도후서 5:10
잘했다, 착하고 신실한 종아... 네 주인의 기쁨에 동참하라.*
* 마태복음 25:21-23
하지만 자기들의 죄로 인하여 죽은 자들에게는 주님께서 심판을 내리실 것입니다. 마태복음 25:41

드루이드교의 통제 아래 있던 고대 픽트족은 로마군이 일찍이 만나보지 못했던 가장 힘든 상대였습니다. 한 픽트족이 일부러 로마군의 창에 찔리면 그 뒤의 픽트족이 공격하곤 했죠.
*A.D. 98-180년경에는 드루이드교가 추방되었습니다. 하지만 그 기간 동안 그들은 아주 비밀스럽게 활동하게 되었습니다.
* 〈로마제국의 쇠퇴와 몰락〉 에드워드 기본 저, 1장 2단원 32쪽.
랭스 씨, 그럼 드루이드 교도들은 어떤 종류의 악기를 썼었나요?
그들은 피리와 탬버린, 그리고 사람의 가죽으로 만든 드럼을 사용했습니다.
모든 노래의 가사나 음률은 주술을 위한 것이었고... 드럼의 비트는 듣는 이들을 중독시키는 열쇠가 되었습니다. 일종의 최면술이라고 볼 수 있죠. 이들과 똑같은 비트가 오늘날의 록음악에 쓰이고 있습니다. 하드록이나 소프트록에 관계없이 그 비트는 그대로 녹아 있는 것입니다!
한 가지 말씀드리면, 1960년대 비틀즈가 드루이드-록 음악으로 미국을 휩쓸었던 시절, 그때 판도라의 상자는 열린 것입니다.
그들이 유명해지자 그들은 많은 젊은이들을 동방 종교로 이끌고 갔습니다. 그렇게 수문이 열리자 마귀들이 물밀듯 쏟아져 나왔습니다. 미국은 절대 회복하지 못할 것입니다... 그것은 잘 짜여진 하나의 각본인 것입니다.
마귀들의 가장 큰 승리는 그리스도인들의 음악에 그들의 악한 음악을 스며들게 한 것입니다.
저는 그리스도인 아이들이 세상 록 스타들의 음반은 깨부수었지만, 후에 크리스찬 록 음악을 듣는 것을 보았습니다. 드루이드의 비트는 그들을 다시 세상 록 음악에 빠져들게 했죠... 그로 인해 성경을 공부하고자 하는
열망 역시 차갑게 식어 버렸습니다.

일요일 아침 9시
아빠, 오늘 어떤 이상한 사람이 록 음악에 대해 설교한다면 교회 안 갈 거예요!
페니… 교회에 간다고 나왔잖니? 그대로 가면 되는 거야! 자, 어서 차에 타렴.
여러분 그리스도인들은 지금 전쟁터에 있지만 그 사실을 모르고 있습니다.
여러분은 주술로 가득 찬 어둠의 세력들로 공격받고 있지만, 어떤 일이 벌어지는 지조차도 모르고 있습니다…
왜냐하면 교회를 놀러 다니기 때문입니다! 여러분이 성경을 읽지 않으면 사탄은 여러분의 약한 부분을 공격할 것입니다.
저는 드루이드교의 고위 사제였습니다. 그 권력 구조는 그들의 근거지와 정치인들, 그리고 마술사들을 통제하고 있었죠…
사실, 전 65,000명의 마술사들을 지휘했던 사람입니다…
그리고 당시 드루이드교의 목표는 성경을 믿는 교회들을 파괴하고 드루이드교를 국가 종교로 만드는 것이었습니다.
성경대로 믿는 신실한 그리스도인은 마술사보다 강한 힘을 가지고 있지만,* 그들은 이런 사실들을 모르고 있습니다.
그리스도인들이 이러한 힘을 인지하지 못하는 한, 우리 드루이드 교도들이 그들을 장악하는 것은 식은 죽 먹기였죠…
온갖 매력적인 록 음악들이 교회에 스며듭니다… 그리고 때가 되었을 때, 우리는 그 교회들을 지상에서 쓸어 버릴 것을 계획했습니다.
* 요한일서 4:4, 누가복음 10:19

고대 도시 에베소로 가보도록 합시다. 사도행전 19장을 보면, 괴상한 사건이 일어남을 볼 수 있는데, 일곱 명의 믿음 없는 유대인들이 마귀들을 쫓아내려다 곤경에 빠지고 맙니다.
사도행전 19:13-14
우리가 바울이 전파하는 예수님의 이름으로 너희에게 지금 엄명하니 썩 물러가라!
하지만 그 악한 영은 대답하기를...
내가 예수도 알고 바울도 알지만...
너희들은 누구냐?
으아아아악!
"그리고 그 악령들린 사람이 그들 위에 뛰어올라 그들을 짓누르니 그들보다 힘이 센지라, 그들이 상처를 입고 벌거벗은 채로 그 집에서 도망치더라." 사도행전 19:16
"... 두려움이 그들 모두에게 임하여 주 예수의 이름을 드높이더라" 사도행전 19:17
"또 마술을 행한 많은 사람도 그들의 책을 함께 가져와 모든 사람 앞에서 불태우니 그것들을 값으로 계산하면 은 오만 개어치나 되더라. 하나님의 말씀이 힘있게 융성하며 세력을 얻으니라."
사도행전 19:19-20

그때와 마찬가지로 지금도 악령들로 인한 이러한 현상들은 큰 문제입니다.
그리스도인들이 역술책이나 카드점, 록 음악, 악한 상징의 장신구, 그리고 D&D* 같은 게임들이나 점판 같은 것을 집에 두고 있는 한 기도응답을 받을 수 없습니다.
*D&D : 감옥(Dungeons)과 용(Dragons)
여기 악한 상징의 장신구에 대해 예를 들어보겠습니다. 얼마 전까지만 해도 이런 것은 신비주의 책들을 취급하는 서점에서나 볼 수 있었지만, 지금은 다릅니다.
그런 모양은 여기저기 널려 있습니다! 마술사들은 그런 것들을 부적으로 사용합니다. 또한 사탄 숭배나 주문을 외우는 목걸이 등의 장신구로 사용되고 있습니다.
여기 거꾸로 된 별 모양이 있습니다. 여러분이 이해하기 쉽도록 여기 얼굴모양을 그려보겠습니다... 이 모양은 뿔 달린 밤의 사냥꾼, 즉 사탄이며 혹은 루시퍼, 마귀입니다. 모두 똑같은 모양이죠.
이것은 동방의 별로 사용되는 상징입니다. 그 근거에 대해선 다음에 설명하도록 하죠.
그리스도인 가정들을 향한 가장 강력한 주술 행위는 바로 록 음악입니다...
바로 이것이 우리가 오늘밤 이런 음반들을 태워 버려야 하는 이유죠!
“또한 너는 가증한 것을 네 집으로 들이지 말지니, 이는 네가 그와 같이 저주받은 것이 되지 않게 하려는 것이니라. 그것은 저주받은 것이니, 너는 그 것을 철저히 혐오하고 철저히 증오할지니라.”
신명기 7:26
차라리 나를 죽이지 그래요!
페니 - 조용히 해!

제가 13의회의 사제였던 시절, 제 명목상의 직업은 가장 큰 록 음악 잡지 'Z'의 발행인이었습니다. 그러던 중 우리에게 안 좋은 소식이 들려왔죠...
뭐? 기독교 놈들이 록 음악을 불태우고 있다고?
어떻게 그놈들이 우리의 목적을 알아냈다는 거야?
성령의 인도를 받는 소수의 목사들만이 그러한 레코드를 불태워 버렸습니다. 하지만 이 일은 모든 교회들에 확산되지는 않았습니다... 우리는 곧바로 마술사(마녀) 회의를 소집했습니다.
마술사들은 트럭 운전사들이 라디오 단파 무선 방송을 사용하는 것같이 그들만의 언어를 가지고 있습니다.
*브레이커, 브레이커! 전방 슈퍼 슬랩 옆, 동쪽 152마일 표지 옆에서 스모키가 녹색 도장을 나눠주고 있어!
* 고속도로 갓길에서 경찰이 딱지 떼는 것을 경고하는 것.
하지만 악한 언어들은 훨씬 조심히 가려져 있죠. 우리가 록 음악을 제작할 때, 그 음악에는 듣는 사람들은 알 수 없는 암호화된 철자나 주문들이 포함되어 있습니다.
우리는 오래된 드루이드의 리듬을 멜로디에 삽입해 넣고, 마술사는 가사를 썼습니다.
그리고 내로라하는 가수들을 고용해서 음악을 녹음했고, 녹음이 끝나면 마스터 테이프(원본)가 하나 완성됩니다... 겉으로는 단순히 16곡이 수록된 테잎일 뿐입니다.

이 마스터 테잎은 6개월 동안 보관되었습니다. *축복을 받기 전까지는 생산 단계에 들어갈 수 없기 때문입니다.
MASTER
MASTER IV RV 666 OI-B6
* 악한 세력들에게 축복받음 (그리스도인에게 이것은 사실 저주이다.)
보름달이 뜨면 소도시들에서 강력한 힘을 가진 마술사들이 이 테잎에 주술을 행하려고 모였습니다.
PRODU
사브리나 요즘 어떻게 지내요?
바쁘죠!
오늘밤 우리는 접신 의식을* 행할 것입니다. 이 음악을 듣는 자들에게 악령들이 살아 역사하도록 주술을 행합시다.
이제 오크(떡갈나무) 문으로 갑시다!
* 주문을 외워 악령들을 불러들이는 것
'Z' 제작사 안에는 떡갈나무로 만들어진 커다란 문이 있었는데, 그 안에는 이 의식을 위한 커다란 방이 있었습니다.
축복이 임할지라!
축복이 임할지라!
주 : 마술사들은 이 의식을 나체로 행하였지만, 이야기 진행을 위해 그림에는 옷을 입혔다.

그 둘레를 불로 둘렀는데, 이것이 바로 그들의 영역입니다.
그들은 자신들이 사탄과 함께 통치할 것이라고 믿지만, 자신들이 사탄에게 속았다는 사실을 알게 될 때는 이미 너무 늦은 것입니다.
*예수께서 사탄을 불못에 던지실 때, 그는 엎드려 예수께서 주이심을** 고백하지 않을 수 없을 것입니다

주 : 이것은 "다윗의 별" 이 아니고 헥사그램이다. 사탄은 하나님의 모든 상징들을 오용하고 있다. 7쪽의 설명 참조

* "그들을 미혹하던 마귀가 불과 유황 못에 던져지니 그곳에는 그 짐승과 거짓 선지자도 있어 영원 무궁토록 밤낮 고통을 받으리라."

요한계시록 20:10

** "이로 인하여 하나님께서는 그를 지극히 높이시고 모든 이름 위에 있는 한 이름을 그에게 주사
하늘에 있는 것이나 땅 위에 있는 것이나 땅 아래 있는 것이나 모든 무릎을 예수의 이름에 꿇게 하시고
모든 혀가 예수 그리스도를 주라 시인하여 하나님 아버지께 영광을 돌리게 하셨느니라."

빌립보서 2:9-11

이 행위는 주님께서 엄격히 금지하신 것입니다.* 구약에서는 악한 영을 부르면 그 마술사는 사형에 처해졌습니다.**
** "너는 무당을 살려두지 말지니라." 출애굽기 22:18
* "네가 주 너의 하나님께서 네게 주시는 땅으로 들어가거든 너는 그들 민족들의 가증함을 따라 행하는 것을 배우지 말 것이요,
자기 아들이나 자기 딸을 불 가운데로 지나가게 하는 자나 점치는 자나 때를 살피는 자나 마법사나 무당이나
마술사나 부리는 영들에게 묻는 자나 마법사나 강신술사를 너희 가운데서 보이지 않게 할지니라.
이는 이러한 일들을 행하는 모든 자들이 주께 가증함이 됨이니, 이러한 가증한 것들 때문에 주 너의 하나님께서 네 앞에서부터 그들을 쫓아내시느니라." 신명기 18:9-12

고위 사제가 주술을 행하여 최고 마귀들 ("정사들"*) 중 하나인 "레제"를 불러냅니다.
오 통치자 레제시여, 위대하신 루시퍼의 이름으로 당신을 불러올립니다...
티끌 같은 저희의 말에 귀기울여 주소서!
* "이는 우리의 싸움이 혈과 육에 대항하는 것이 아니라 정사들과 권세들과 이 세상 어두움의 주관자들과 높은 곳들에 있는 영적 악에 대항하는 것이기 때문이니라." 에베소서 6:12
방은 세차게 휘몰아 치는 바람으로 꽉 찼지만 촛불은 꺼지지 않습니다...
지하에서 나를 불러낸 이유가 무엇이냐?
우리의 형제들과 자매들의 음악에 당신의 축복과 마력을 불어넣어 주시길 원하옵니다!
내 종들(악령들)에게 우리의 음악으로 만들어진 물건에 임하도록 명령하겠노라.
성경대로 믿는 그리스도인들만이 이 말씀으로 승리할 수 있습니다.
"그러므로 하나님께 복종하라. 마귀를 대적하라. 그리하면 그가 너희로부터 도망하리라." 야고보서 4:7

저는 이런 의식에 많이 참여했었습니다. 이제 여러분들은 록/드루이드 음악이 왜 그토록 듣는 이들을 사로잡는지 아실 겁니다!
기억하십시오... 저주받은 모든 음악들은 마귀들의 통제 아래 있다는 것을 말입니다... 여러분들이 가정에서 계속 신경이 날카로워지는 이유는, 이러한 음악들로 자신에게 계속 주문을 걸고 있기 때문인 것입니다!
크리스찬록 음악(CCM 등)은 어떤가요?
그 가사는 주님을 찬양하는 것일지는 모르지만, 음정과 박자는 사탄에게 속해 있습니다. 그것들이 과연 하나가 될 수 있을까요?*
* 고린도후서 6:14
하나의 실례를 들어 드리겠습니다... 외국으로 간 어떤 선교사가 있었는데, 그의 아이들이 원주민들 가운데서 록 음반을 듣고 있었습니다.
저것 좀 들어 봐!
이게 도대체 무슨 소리야?
그 음악을 들은 원주민 그리스도인들은 아주 당황했습니다.
목사님... 저 음악을 도대체 왜 틀어 놓으신 거죠?
아, 내 아이들이 미국에서 갖고 온 가스펠 음반을 틀어 놨군요... 음악에 무슨 문제라도 있나요?
네, 목사님... 저 리듬은, 우리가 예수님을 섬기기 전 마귀를 부르는 데 사용했던 리듬입니다.

* 사도행전 19:19-20 ** 에베소서 5:3-12

* 데스 그리핀 저 〈부(富)라는 네 번째 제국, *Fourth Reich of the Rich*〉, (Emissary Publications, P.O.Box 642, SO, PASADENA, CA.91030), pp. 57-58

* 퀸버로우 부인 저,〈신인숭배, *Occult Theocrasy*〉, (Emissary Publications, P.O.Box 642, SO, PASADENA, CA.91030), pp.220-221

일요일 오후 3시
아니 페니, 지금 뭐하고 있는 거니?
이것들 전부 쓰레기통에 버릴려구... 그리고 벤, 오늘밤에 우리와 함께 교회에 가자.
교회 가자구?
응, 난 오늘 아침에 구원받았는데, 너도 같이 하늘 나라에 가길 원해!!
와! 이거 트럭이 한 대 더 필요하겠어!
오늘 올드 타운은 뜨거운 밤이 되겠는 걸!
이삭, ABS 방송의 실비아 잭슨입니다... 오늘밤 록 음반이 태워지는 것을 첫 방송으로 내보내려는데요...
랭스 콜린스 씨와도 인터뷰를 할 예정인데, 제 생각엔 우리가...
뭘 생각하는 거야, 이 멍청아, 당신은 내가 시키는 일만 하란 말이야!! ABS 방송은 우리가 통제한다는 걸 기억해!... 일을 계속 하고 싶으면 알아서 잘 처리해! 아돌프 히틀러 좀 닮아 봐!!
방송이 나갈 때, 난 시청자들에게 그 크리스챤들이 모두 큐 클럭스 클래너스(KKK단)라고 믿게 하고 싶어! 알았나? 일 망치지 말라구... 당신 명줄이 달렸어!

일요일 밤 7시
우리는 깨어 있어야 합니다! 성경대로 믿는 모든 설교자들은 사탄의 무리가 표적으로 삼고 있는 자들입니다!
설교자들은 이 시대에 엘리야같이 하나님께 도움을 구하고... 위로부터 온 거룩한
용기와 힘으로 담대히 선포해야 합니다.
죄악과 맞서 맹렬히 설교하고, 모든 회중이 영적인 삶을 살도록 가르쳐야 합니다!
몇몇 "영향력 있는" 회중들에게 비난받는 것을 두려워하지 마십시오.
그들이 이런 설교를 싫어한다면, 가라고 하십시오! 빌립보서 4:19에서는 분명히 말씀하셨습니다. "그러나 나의 하나님께서 그리스도 예수를 통하여 영광 가운데서 그의 풍요함을 따라 너희의 모든 필요를 채워 주실 것이라."
예수님은 곧 오십니다... 우리는 우리의 삶을 단정히 행하고 가정을 정돈해야 합니다.
예수님은 우리가 땅의 소금*이라고 하셨습니다. 우리는 경건한 행실과 기도와, 또 필요하면 금식이라도 하면서 이 퇴폐한 세상과 맞서 싸워야 합니다.
사탄의 배설물들을 태우고 우리의 생활에서 그의 악취를 제거합시다!
* 마태복음 5:13

저녁 예배 시작 전, 목사와 집사들은 마태복음 18:18에 따라 사탄을 결박했다. 그들은 예수님의 보혈로써 지금 이 자리에 있는 모든 이들을 보호해 줄 것을 기도했다. (주 : 그리스도인들은 예수님을 의지하여 마귀의 세력들을 이길 수 있다는 사실을 알아야 한다.)
예수님께서는 다음과 같이 말씀하셨다. "보라, 내가 너희에게 뱀과 전갈을 밟으며 원수의 모든 권세를 제어할 권세를 주노니 아무것도 너희를 결코 해치지 못할 것이라. 그러나 영들이 너희에게 복종하는 이것으로 기뻐하지 말고, 오히려 너희 이름이 하늘에 기록된 것으로 기뻐하라." 누가복음 10:19-20
와! 자유로운 느낌이에요!
카메라를 이쪽으로 돌려봐요!
알았어요, 실비아.
와줘서 고맙소, 랭스. 오늘 많은 사람들이 구원받았어요.
우리 교회는 이제 절대로 전과 같이 되지 않을 겁니다!
딱 맞는 장면을 잡았어... 이삭이 좋아할 거야!
이제 여기서 나갑시다!

사랑하는 주님, 랭스 형제님의 가는 길을 보호해 주시고 지혜를 주십시오..
짐, 왠지 우리가 그를 따라 가야 할 것 같아... 기도할 때 그런 느낌이 들었어.
그럼 가자구!
40분 후
이것 봐, 정말 한 길로 쭉 뻗은 길이군.
저기 저 차 좀 봐! 나무 사이에서 갑자기 나왔어... 완전히 비틀거리는데!
들었어? 저 놈들이 랭스를 겨냥하고 있어!
탕! 탕!
쨍!
저 차를 도로 밖으로 밀어 내자!
꽉 잡아!!
이거 무슨 @!!!☆☆!
쾅!

이봐요, 랭스형제님.
괜찮아요!
괜찮아요, 조금
스쳤을 뿐이에요.
부르르르르릉...
그들을 놓아 주시오!... 자, 이제
말해 보구려, 당신은 왜 도로
밖으로 차를 밀어 냈소?
이들이 앞에 있는 차에게 총
을 쐈습니다.
사실이오?
말도 안 돼요! 저 들이 거
짓말을 하고 있는 겁니다!
우린 그냥 사냥하다가 집으로
돌아가는 길입니다.
지금 이 짓을 내 스스로 했다고
보는 겁니까? 왜
그들을 그냥
보내는 거죠?
나한테 속임수 쓰지 말라구! 너희
모두 운전 부주의로 집어넣어야
하겠지만...
하지만 마음씨 좋
은 내가 이번은
그냥 보내주도록
하지!

저 경찰, 저놈들과 한패로군!
당연한 것이죠. 하지만 하나님께서 *우리와 함께하신다면... 누가 우리에게 맞서겠습니까?
* 로마서 8:31
전 지금 가지 않으면 늦을 것 같습니다. 하나님께서 두 분 모두와 함께하시길... 그리고 저 경찰을 위해서도 기도합시다!
랭스는 뭔가 달라!... 많은 단체들이 그를 죽이려 하겠지?
맞아. 특히 사탄이 그렇겠지! 그가 얼마나 더 사역할 수 있을까?
글쎄, 짐... 그의 죽음에 달린 값어치에 달려 있겠지... 오직 주 하나님께서만이 아실 걸세!
6시 뉴스
이런 일은 나치 체제에서나 일어날 수 있을 법한 일입니다... 부끄러운 일이 아닐 수 없습니다!
록 음반을 불태우는 이 같은 일에 유일하게 빠진 것은 신도들이 흰색 모자와 망토를 두르지 않은 것뿐입니다! 이상 ABS 뉴스, 실비아 잭슨이었습니다.
랭스가 옳았어. 저 리포터가 우릴 광신자들로 만들었잖아?... 참으로 사납게 공격하는군!
그게 당연할 거야, 짐. 그들의 통치자는 사탄이잖아... 그가 이 *세상을 조종하고 있으니 말이야.
* "우리가 아는 것은 우리는 하나님께 속해 있으며, 온 세상은 악함 속에 놓여 있다는 것이라." 요한일서 5:19
페니, 이번에 새로 나온 음반 같이 들을래?
농담하니? 멜린다, 그 음악에 대해서 말해 줄 게 있어!
하하... 그대로 말해 주라구, 페니!
끝